PIE IX AU PARADIS

PAR
LAFARGUE

édité par l'imprimerie

DU PARTI OUVRIER

21 — Rue de Béthune — 21

LILLE

1890

PIE IX AU PARADIS

I

Le 13 décembre 1871, dans une salle du Vatican, deux vieillards l'un vêtu de blanc, l'autre vêtu de rouge, parlaient ainsi :

Le vieillard blanc était si décrépit que par moments il perdait la mémoire et, comme les petits enfants, il répétait à plusieurs reprises, les mots pour en comprendre le sens. Cet homme était l'Infaillible le Pape-Dieu.

Le vieillard rouge avait la tête blanche mais la mine ferme et hautaine ; il était le fidèle conseiller de Pie IX, le cardinal Antonelli ; il attendait anxieux la mort de l'Infaillible pour monter sur le trône papal.

— Tout est perdu ! tout est perdu ! murmurait l'Infaillible.

— Rien n'est perdu pour qui ne perd courage.

— Rien ! — rien n'est perdu !... Que nou

reste-t-il donc ? Ces maudits, ces bandits m'ont arraché une à une mes provinces. Là, où, pendant des siècles, les papes mes prédécesseurs ont commandé en rois, je vis en prisonnier : à la porte du Vatican, d'où sortaient autrefois les papes dans la gloire et les pompes de ce monde, un soldat de l'Excommunié, de Victor-Emmanuel le maudit, monte la garde. Il m'a dépouillé, il m'a fait plus pauvre que Christ, aussi pauvre que Pierre, quand il pêchait avec ses filets pour gagner un morceau de pain.

— O Pape ! tu possèdes ce que ne possédait pas Grégoire VII devant qui tremblaient les rois et les empereurs, comme les fauves des bois quand l'éclipse voile le soleil ; tu possèdes ce qu'aucun pape, pour grand qu'il fut, n'a jamais possédé, tu es Infaillible. Tu es plus grand que jamais mortel ne fut ; tu es plus grand que Dieu. Son œuvre achevé, Dieu se repentit ; il l'engloutit dans le déluge ; toi, l'Infaillible, tu ne dois, tu ne peux te tromper, tu ne peux te repentir. Tu te plains, et tu es monté si haut que tu dépasses Dieu, il est ton serviteur, tu ordonnes et Dieu t'obéit.

— Et que m'importe la grandeur ! que m'importe l'infaillibilité ! si l'impitoyable vieillesse brise mon corps, emporte mes dents, obscurcit mes sens et ne me laisse qu'une sensation : la torpeur. Que m'importe la grandeur, si les ulcères de mes jambes me clouent dans un fauteuil et m'enlèvent l'appétit, ce bien que possède le plus misérable des fils de la terre. C'était l'éternelle jeunesse l'éternelle jouissance qu'il fallait me donner.

— Imbécile ! que la mort est lente à achever ton corps qui déjà n'est qu'un sépulcre blanchi !... pensa l'homme rouge, irrité des lamentations continuelles du Saint-Père.

— A quoi bon l'infaillibilité ! continua en pleurant le Pape, si les vers sans yeux et sans oreilles dévorent demain la chair de l'Infaillible.

— Nous t'embaumerons, nous te pétrificrons afin que la face du premier Infaillible vive à jamais. — Pourquoi pleurer comme une femme, quand tu devrais agir comme

… … … … … … … … … est … … parce … …
tu as laissé les mécréants abattre ton esp… .
L'homme ne vit pas seulement de pain et de
viande : tu retrouveras ta vigueur si tu re-
conquiers ton pouvoir ; si tu deviens plus
puissant que les Léon, les Sixte, les Grégoire ; si en ta présence les grands parmi les
grands s'inclinent ; si tu te dresses, seul debout, au milieu de la multitude humaine à
genoux, le front dans la poussière.

— Qui fera ce miracle ? répliqua le Pape
galvanisé par l'ardente ambition du serviteur qui fut son maître.

— La foi !

— Elle est morte.

— Morte ? Nous la ressusciterons. Pendant
mille ans nous avons garotté l'humanité sur
les chevalets ensanglantés ; de nouveau nous
lui tenaillerons les chairs avec des fers rou-
gis pour que la foi pénètre en son cœur. La
foi est fille de la peur, nous ferons trembler
les hommes.

— La force nous fait défaut.

— As-tu donc des yeux pour ne point voir?

Ne vois-tu pas que tout s'écroule ? Notre pouvoir est ébranlé, chancelant, et pourtant c'est nous qui sommes les seuls debout au milieu des civilisations en ruines, parce que nous sommes les représentants de l'esprit des temps passés, de l'esprit qui ne meurt pas, du passé qui écrase l'atôme humain. Ne vois-tu pas que la bourgeoisie, cette bourgeoisie qui au siècle dernier triomphait de nous par l'esprit, le ridicule et le couperet de la guillotine, hantée par les terreurs, regarde autour d'elle et brame après un protecteur, après un sauveur ? Ne vois-tu pas que les rois, les empereurs, sentant la terre trembler, se tournent vers nous ? Nous sommes l'ancre du salut, le hâvre de la bourgeoisie ; car nous conduisons le troupeau des humains avec la peur de l'inconnu, nous savons les paroles mystiques qui brisent les énergies, domptent les volontés et forcent la bête humaine à lâcher la proie pour l'ombre. Ne vois-tu pas que comme l'aiglon qui se débat pour briser l'œuf, la noire classe des travailleurs s'agite convulsivement pour faire éclater le moule de la vieille société. Toutes les classes privilégiées auront à s'unir pour étouffer le monstre avant qu'il n'éclose. Ne vois-tu pas que la peur des revendications prolétariennes, que la peur de l'Internationale, que la peur du communisme a réuni en un seul faisceau les intérêts des classes régnantes de tous les pays ? Pour traquer le socialisme, la Sainte-Alliance est ressuscitée. Ô Pape infaillible, c'est nous l'esprit des temps passés, qui prendrons la tête de la croisade contre les barbares de la civilisation qui veulent détruire toute société, toute morale, toute justice.

— Que faut-il faire ? s'écria le vieillard blanc transporté.

— Un miracle.

— Un miracle ? et la tête de l'Infaillible retomba inerte et sa voix s'éteignit.

— Oui, un grand miracle qui éblouisse la terre, qui jette la confusion dans les rangs ennemis.

— Mais les temps des miracles sont passés... Les os de Saint-Pierre faisaient des miracles ; les fidèles les adoraient ; les anatomistes sont venus, il les ont pris dans leurs mains pestiférées, et ont blasphémé : « mais ce sont des os de moutons ! » et les os miraculeux ont suspendu leurs miracles. En France la vierge Marie apparut, parla, marcha, et les infidèles partirent d'un immense éclat de rire.

— Ces miracles sont des miracles de pacotille. Il nous faut un miracle pour de bon, un grand miracle. — Montes au ciel et parles à Dieu comme il le mérite. Dieu prend son métier trop à son aise : parce qu'il a travaillé six misérables jours, il croit que pour lui tous les jours de l'année doivent être des dimanches et des lundis. Que dirait-il, que dirions-nous, si les ouvriers le prenaient pour exemple ; Dieu fainéante trop, secoues-le de sa paresse ! qu'il fasse quelque chose pour nous qui faisons tant pour lui ; que serait Dieu sans nous ? Il n'aurait même pas de nom dans la langue des hommes. Saint-Père montes au ciel et ramènes-nous sur la terre Jésus ou l'Esprit-Saint ; avec eux nous ferons des miracles et ressusciterons la foi.

L'Infaillible était atterré.

— Monter au ciel ! moi, si vieux, si infirme ? répétait-il avec le geste et la voix de l'idiotie.

— L'air nouveau, les plaisirs du voyage te regaillardiront. Au ciel, Dieu touchera tes hémorrhoïdes. Le médecin te prédit une nouvelle fistule à l'anus ; le doigt du Tout-Puissant assainira ton fondement. Allons, dépêche-toi de monter au ciel, je gouvernerai à ta place.

La fistule était l'argument irrésistible d'Antonelli.

— Mais tu ne me mettras pas à la porte quand je reviendrai, dit l'Infaillible troublé.

— Oh ! Saint-Père, moi, votre fidèle serviteur !

— Bien ! je monterai au ciel. — Mais je te ferai surveiller, pensa l'homme blanc.

— Si tu pouvais te rompre le cou en route, répliqua mentalement l'homme rouge.

———

II

Le Pape, avant de prendre son billet pour l'autre monde, se vêtit de ses ornements les plus beaux; par précaution, il emplit sa bourse. Il se souvenait du conseil de l'hôtelier qui sacra Don Quichotte chevalier : un peu d'argent et quelques chemises sont indispensables en voyage.

Le Pape arriva à la porte du Paradis vers les onze heures du soir. Il y avait encore de la lumière dans la loge du concierge. Il frappa gentiment; — pas de réponse. Il frappa rudement ; — Saint-Pierre s'empress d'ouvrir. Son visage était courroucé, sa trogne rouge flamboyait; il se promettait de tancer vertement l'intrus qui, si mal à propos, troublait sa conversation nocturne et quotidienne avec la dive bouteille.

Qui es-tu canaille qui frap... ? s'écria-t-il d'une voix encolérée; mais les sons s'éteignirent subitement dans sa gorge. Sortant sa casquette de loutre et saluant avec humilité, il ajouta: — Pardonnez-moi Monseigneur, je croyais qu'il n'y avait qu'un pouilleux Saint-Labre pour venir à de telles heures ; vous m'excus....

Le vêtement splendide du Pape avait produit une révolution dans l'âme de Saint-Pierre. Pie IX, indigné, jeta une pièce au cerbère paradisiaque, et entra en murmurant :

— Et dire que je suis le successeur de ce valet soulard et insolent ! Il renia son maître au moment du danger, Il le renierait cent fois encore pour étancher son ivrognerie.

Saint-Pierre, un peu remis, admirait de l'œil Pie IX marchant dans la grande avenue du Paradis.

— En voila un qui est rup !... Mais quel chien ! il ne m'a donné qu'une pièce de deux francs. Tonerre de Dieu ! c'est une pièce fausse du Pape...! Le voleur.

Après avoir erré jusqu'au jour le Pape trouva à qui s'enquérir de la demeure du Père Éternel. C'était une pauvre chaumière. On l'avertit de ne pas prendre la peine de frapper ; personne ne viendrait ouvrir. Au dire des gens, Dieu dans sa vieillesse était devenu misanthrophe; il vivait seul et ne voulait entendre le bruit de la voix humaine. Ces renseignements chagrinèrent le Pape ; il commença à douter de la réussite de son entreprise. Cependant il poussa résolûment la porte et entra de plein pied dans la seule pièce de la masure. L'aspect était misérable. Le papier des murs était sale, déchiré et décollé par places; des lézardes au plafond enfumé zigzaguaient. Près de la cheminée on voyait un fauteuil Voltaire et une petite table, avec un pot de tisane de guimauve et unverre ébréché. Dans le fauteuil un vieillard courbé en deux, tisonnait des fumerons, émettant plus de fumée que de chaleur.

Ce vieillard était Dieu.

Ce n'était pas le puissant ouvrier qui façonna le monde en six jours, ce n'était pas le terrible Jéhovah qui lança la foudre et les éclairs sur Sodome, qui ouvrit les cataractes du ciel pour noyer les humains ce n'était pas l'effrayant Dieu de Moïse, qui, sur le mont Sinaï apparut au milieu des éclairs, qui, pour inspirer l'amour semait la terreur, qui promenait sur la face de la terre la désolation, la peste, la famine.

Ce n'était pas le sombre Dieu du moyen âge, qui tapi au fond des tabernacles envahis par les ombres, humait l'odeur de la chair humaine grillée, et savourait les gémissements et les hurlements des torturés de l'Inquisition; ce n'était pas le Dieu absolu de Charles-Quint et de Louis XIV, qui portait en sa forte main le globe du monde ce n'était pas même le Dieu de Voltaire, le chétif horloger, qui remontait tous les matins la machine de l'univers; ce n'était pas même le Dieu bourgeois, monarque constitutionnel qui régnait et ne gouvernait pas; ce n'était pas même le Dieu vaporeux des métaphisiciens allemands, l'antithèse première, la négation du néant.

C'était un petit vieux sale, dégoûtant, la barbe inculte et remplie de crachats, grelottant, toussotant, renaclant, bavant ; les jambes emmaillotées dans la flanelle, le corps enveloppé dans une robe de chambre rapetassée, usée et montrant la doublure rouge aux fesses.

— 15 —

Le Pape saisi d'étonnement, s'oublia et parla sa pensée:

— Voilà la majesté décrépite, délabrée, ruinée que je représente sur la terre !

— Qui parle ici ? s'écria Dieu, redressant sa figure jaunâtre, d'où s'élançait un énorme nez juif bourré de tabac... Toi, tu te dis mon représentant sur la terre et tu oses parler en ma présence ! Et tu oses venir me troubler en ce coin du Paradis, où ne pouvant mourir, j'essaie de me faire oublier. — Puisque tu as forcé la porte de ma retraite, contemples ce que tu appelles une majesté délabrée. Contemples ton œuvre et l'œuvre de tes prédécesseurs, papes maudits. — Maudit soit le jour où j'eus l'idée d'envoyer mon fils Jésus sur la terre ! J'étais alors le maître souverain de la terre et des cieux ; les humains n'adoraient que moi. Je suis relégué au fond des tabernacles ainsi qu'une antique guenille ; maintenant, les hommes ploient leurs genoux et brûlent leurs cierges devant la face idiote de Jésus, devant le pucelage de sa gourgandine de mère, devant les pieds malpropres et odorants de Saint-Antoine, devant son compagnon, dont ils font une amulette. — Les temps de Mammon sont revenus ; le cochon d'or foule aux pieds Sabaoth, le dieu des armées... — Maudit soit le jour où je donnai la Raison aux hommes ! J'emplissais alors l'univers de ma force et de ma personne, je lançais la foudre, je déchainais les vents, je soufflais la tempête, je soulevais les vagues des mers, j'ébranlais la terre dans les profondeurs de ses entrailles. Mais, ainsi qu'un enfant sans pitié arrache les pattes et les ailes d'un insecte. la Raison m'arracha une à une mes fonctions ; elle les octroya aux forces de l'inconsciente Nature. Je restais encore la providence qui asseyait les rois sur les trônes et déversait les richesses sur les hommes ; mais l'inhumaine Raison enseigne que les rois sont rois, que les grands sont riches, parce que la masse humaine est bête et lâche et se laisse passivement commander et exploiter. La Raison en grandissant m'a rapetissé. La Raison emplit l'univers, — Maudite soit Raison ! J'étais diminué, affaibli ; mais les âmes ignorantes, confuses, timorées, avaient encore besoin de moi; j'existais pour elles. J'étais celui qui seul avait le droit d'être infaillible. Et toi, vieillard imbécile, tu m'as dépouillé de ma dernière prérogative, tu m'as précipité de mon trône, tu as fait de Dieu un pantin dont tu tiens les ficelles: c'est par tes yeux que je dois voir, c'est par ta bouche que je dois mentir. — Vieillard vaniteux et impie, sois maudit! Race humaine, qui m'a renié après m'avoir créé à ton image, sois maudite! Maudit, maudit soit celui qui a créé les hommes!... Ah! si je pouvais lapider, écraser les fils de la terre, si je pouvais les submerger, lancer sur eux toutes les plaies et tous les tonnerres! Ah! je suis impuissant!

Et le Tout-Puissant retomba épuisé.

— Mais c'est un maniaque! pensa le Pape. — Tout est mal, ce qu'il a fait et ce qu'ont fait les autres... J'aurais été proprement reçu si je lui avais parlé de mes hémorhoïdes, ainsi que le conseillait Antonelli.. C'eut été d'ailleurs inutile ; Dieu n'est bon qu'à jeter aux chiens... Jésus et le Dieu qu'il me faut...

Pie IX se retira silencieusement et promptement.

III

A une petite distance de la baraque de Dieu le père, le Pape-Dieu rencontra une troupe folâtre de femmes et de jeunes filles, parées d'étoffes voyantes et bigarrées. La bande joyeuse moutonnait autour d'un blond jeune homme, cheveux lustrés et bouclés, joues et lèvres peintes du plus bel incarnat, mains potelées et couvertes de pierreries. Ce jeune homme frais, coquet et pommadé semblait ne penser qu'à sa chevelure et à l'effet de ses charmes de son entourage féminin. Ce petit gras été Jésus.

Oh ! combien différent du Christ le Nazaréen, du fils du charpentier, de l'ami de Jean-Baptiste, le pasteur sauvage dormant dans les cavernes et mangeant des sauterelles ! Combien différent du Christ qui, halluciné par la vue des misères humaines, s'enfonçait dans les déserts et jeûnait pour partager les tortures des affamés ; qui, pieds nus allait par les chemins pierreux et, monté sur une douce ânesse, entrait triomphalement à Jérusalem; du Christ qui suspendait à ses haillons divins un peuple de misérable; qui terrorisait les prêtres et les riches et prêchait l'espoir aux pauvres sans expérance ! Combien différent du Christ qu'avaient douloureusement enfanté les esclaves de la Rome antique ; du Christ, leur compagnon de chaîne, crucifié, ainsi que les héroïques gladiateurs de Spartacus, le révolté terrible ! Combien différent du triste et maigre Christ du moyen-âge, qui symbolisait les misères des jacques ! — Ces Christ sublimes, grands comme les douleur populaires, nés, torturés, crucifiés dans le cœur des masses plébéiennes, ces Christs sont morts ! ... Il ne reste de vivant que le Jésus frisé de la Renaissance, le Jésus bourgeois, le Jésus des grandes dames et des courtisanes, le fade jeune blond.

Le pape scandalisé demeurait bouche béante.

— Salut, noble étranger ! lui dit Jésus.

A ton air ébaubi je devine que tu es un nouveau venu. Quelle chance ! nous allons avoir des nouvelles de la terre. Apportes-tu les derniers numéros de la *Revue des modes* ? Dieu soit béni et toi aussi, vénérable vieillard. Allons, déballe ton paquet ! mes tendres colombes sont plus curieuses que des jeunes singes. Les femmes de la terre sont-elles toujours court vêtues, portent-elles encore des polissons? J'adore ce costume. C'est leste, psit.

— Seigneur, je venais vous parler des intérêts de votre sainte église, interrompit le Pape.

— Les Parisiennes teignent-elles leurs crinières en jaune? Maudite mode ! ma barbe et mes cheveux perdent leur originalité ; j'ai envie de me teindre en noir. Qu'en pensez-vous, reines de mon cœur ?

— Doux Jésus ; toi notre idéal, te teindre serait peindre le lis ! s'écria en cœur la troupe amoureuse.

— Prunelles de mes yeux, votre désir est ma loi.

— Seigneur, votre Eglise est attaquée.

— Les femmes s'enfarinent-elles de poudre de riz ? Pouah ! On croirait embrasser des sacs de meunier. J'ai défendu la poudre et le rouge à toutes celles qui m'ont consacré leur pomme-grenade. Si les hommes agissaient ainsi.

— Seigneur, vos temple sont profanés ?...

— Rachel l'émailleuse a-t-elle inventé un nouveau parfum pour enivrer l'âme et réveiller les forces épuisées par l'amour ?

— Seigneur, vos fidèles sont dans la désolation. Ils ne pleurent plus ; ils ont pleuré toutes les larmes de leurs yeux ; ils ne se lamentent plus, la main des inpies a scellé leurs lèvres. Seigneur, vous êtes chassé de vos palais, et votre représentant sur la terre dort sur la paille d'une prison.

— Ça doit être malcommode. Mais sont-ce là les nouvelles que tu nous apportes de la demeure des vivants ? Ah ça ! qui donc es-tu pour prendre tant d'intérêt à mon Eglise ?

— Seigneur, je suis Pie IX.

— Ah ! ah ! ah ! Et la troupe folichonne

de s'esclaffer. — Ce pauvre vieux, le représentant de notre Jésus bien-aimé, dont les baisers sont si doux, dont les caresses font perdre la raison ? Nous comprenons pourquoi la foi meurt dans le cœur des femmes.

L'indignation emplissait l'âme du Saint-Père, le rouge de la colère et de la honte montait à son visage ridé. Mais Jésus souriait bêtement et caressait sa barbe, le bras appuyé sur la Madeleine, sa favorite ; tandis que les yeux de sainte-Thérèse, brûlant de désirs amoureux le dévoraient.

— Vieillard, ne fais pas attention à ce que disent ces petites folles ; l'amour qu'elles me portent leur fait oublier le respect qu'elles te doivent. — Entre nous, elles ont raison. Qui donc a eu l'idée baroque de prendre, pour me représenter, des vieux, goutteux et répugnants moi si beau, moi dont la vue fait sauter les cœurs des femmes comme de jeunes chevreaux. — Laisse-moi te communiquer une idée qui me passe par la tête ; cela ne m'arrive pas assez souvent pour que je la laisse perdre. Je propose une réforme : on élirait une papesse et un pape choisis parmi les plus beaux enfants de la terre. Au lieu d'écrire des *Syllabus* qui ne peuvent réjouir que des bilieux, chagrineux, chassieux, ces deux chefs de mon Église distribueraient leurs faveurs à celles et à ceux qui sauraient le mieux m'adorer... Bonhomme, ne hausse pas les épaules ; mon idée vaut bien cette ridicule infaillibilité qui a donné la rage à mon père. Après tout, je m'en bats l'œil ; fais ce que tu voudras de mon Église.

— Seigneur, ne détournez pas vos regards de votre église, ne raillez pas la douleur de votre serviteur.

— Vieillard, je suis sérieux comme un garçon de café qui présente la note... Une fois pour toutes, que mon église aille au diable ! je ne veux pas de cassement de tête. J'ai bien assez de mal avec mes sultanes ; sainte Thérèse, à elle seule, dompterait dix hercules ; c'est une vraie Masseline. Va trouver mon père.

— Dieu m'a maudit !

— T'es propre ! Ne prend pas cette mine

de cholérique, ça me trouble la digestion. Que puis-je pour toi?

— Venez avec moi sur la terre.

— Tu perds la tramontane ! Moi retourner sur la terre... J'ai assez des hommes pour toute l'éternité... Tiens, voilà le Saint-Esprit ; il a conservé d'agréables souvenirs de la boule ronde, peut-être te suivra-t-il.

IV

La vierge Marie, vêtue d'une robe bleue trainante et sans ceinture s'avançait nonchalamment.

Un pigeon blanc, le Saint-Esprit, perché sur ses épaules roucoulait et frolait amoureusement ses joues et son cou.

Derrière marchait saint Joseph, deux cornes gigantesques à nombreuses ramures, ornaient son front. Les cornes au début chagrinèrent le bon Joseph ; mais sur l'avis de sa fidéle compagne, il consulta un jeune pocteur et se tranquilisa l'esprit ; il apprit que les cornes attestaient une supériorité ; il se prit à les aimer, il remarqua que les attentions de Marie augmentaient avec leur croissance ; il finit par les considérer comme la chose la plus précieuse du Paradis.

Le ménage à trois fit sourire le pape.

— Sainte-Vierge, ma mère, dit Jésus, apporte nous l'Esprit-Saint, mon père selon la chair. — Et toi, Pigeon, qui as charge de l'esprit de la famille, conseille Pie IX.

— S'il ne faut que de l'esprit, j'en ai à 95 Gay-Lussac : pas de vin, mais divin, et du plus....

— Est-ce bientôt fini, interrompit le pape.

— Jamais ; — je fais 60 calembourgs à l'heure, 1440 en vingt-quatre heures. Faut avoir le toupet d'un commissaire pour nier ma divinité ?

Marie savourait les paroles de son pigeon ; mais Pie IX maugréait entre ses dents :

— Quelle famille ! — le plus intelligent est un oison. Si par malheur les hommes savaient ce qui se passe au ciel..... qu'elle collection d'idiots !

— Pie IX me propose de retourner sur la

terre, dit Jésus. Si jamais on m'y repince, je licencie mon serrail, je cesse de cascader et je me marie…. Mais toi, tu n'as rien à reprocher aux hommes et encore moins aux femmes, tu pourrais satisfaire le pauvre vieux. Tu sais voler ; et au besoin, tes ailes te tireront d'embarras.

— Coquin de Pie IX, t'es dans la dèche, et tu voudrais monter avec moi au mont-de-pi-été pour écorcher pi-eusement les croyant pi-eux ; tu veux donc me metamorphoser en Pie voleuse, vieux Pie-grièche ?

Et le sacré pigeon, tout fier, gonflait sa poitrine, étalait sa queue, indifférent aux doux regards de l'amoureuse Marie.

— Bien ; je consens à redescendre sur la terre ; mais auparavant je dois faire ma profession de foi.

L'Esprit Saint se percha sur une des cornes de Saint-Joseph ; après avoir toussé et retoussé pour se mettre en voix, il s'exprima ainsi :

— Je suis membre de la Trinité ; mais je ne suis pas encroûté comme Dieu, ni écorvelé comme mon fils Jésus. Je déclare à la face du Paradis que je suis pour le progrès progressif, pour la perfectibilité perfectible des hommes et des dieux ; je suis pour les chemins de fer ; je condamne les charrettes traînées par des bœufs majestueux ainsi que des académiciens ; je suis pour la lumière électrique, je condamne les chandelles qui empestent ; je suis pour les rasoirs anglais qui rasent sans écorcher ; je suis pour l'Internationale, le Communisme... Ah ! mais non ! — ma langue fourche ! — Vous comprenez, quand on a tant d'idées qui grouillent, on s'embrouille et bredouille. Je reprends : je suis pour Christophe Colomb ; je suis pour la République fédérale, parlementaire, libertaire, décentralisatrice. Tout bien considéré, la Trinité est une République fédérale, égalitaire, l'idéal de la République. Suivez bien mon raisonnement : Jésus, bienque bête, est dieu ; Dieu, bienque enragé, est dieu ; moi, bienque Esprit pur, je suis dieu : tous dieux égaux et fédéralisés. Donc...

— Mais il est indécent qu'un pigeon débite de telles énormités ! exclama le pape.

— Cher Esprit-Saint, reprit Joseph, si tu pars pour la croûte terrestre, qui consolera mon inconsolable épouse? qui lui tiendra compagnie pendant les nuits d'insomnie, quand elle quitte ma couche pour pleurer et prier?

— Marie ira trouver le jeune docteur qui t'a consolé, bon Joseph, reprit le Saint-Esprit ; il la calmera avec du jus cocufiant... Soigne bien ta femme, elle sera bientôt mère.

— Mère encore ! cria Saint-Joseph. Ah ! pour le coup, je ne reconnais pas le bâtard. Je n'y suis pour rien, pas même pour les oreilles. J'en ai assez de paterniser les enfants de mon épouse. Marie repousse mes caresses, afin de conserver sa virginité, et elle met bas plus de petits qu'une lapine.

— Joseph, pas tant de bruit pour si peu : qu'est-ce que cela peut te faire un enfant de plus, puisque c'est moi qui entretiens le ménage et te donne une inscription de rente à chaque nouvel accouchement de ta chère moitié. C'est moi l'Esprit-Saint qui ai fécondé Marie ; mais elle reste vierge, quoique enceinte, et restera vierge encore après l'accouchement. C'est un mystère au-dessus de ton intelligence. Peut-être le pénétreras-tu quand tes cornes auront dix mètres...Allons, en marche ! Une sainte ardeur emplit ma poitrine ; je veux convertir les hommes, leur inoculer l'amour de la liberté, du libre échange, du crédit gratuit, et leur apprendre l'usage des imperméables anglais.

— Il faudra bâillonner cette brute, murmura le pape ; en attendant, je bouche mes oreilles avec du coton.

Marie pleurait, Joseph riait, il sentait ses cornes grandir.

Le Saint-Père et le Saint-Esprit, arrivés à la porte du Paradis, demandèrent le cordon.

— Où vas-tu, Saint-Esprit ? questionna Saint-Pierre.

— Sur la terre.

— T'es brave. La chasse est ouverte, et il se pourrait qu'on te logeât une charge de plomb dans le derrière.

— Saperlipopette ! saperlip... C'est vrai et sérieux.

— Pape infaillible, continua-t-il de sa voix la plus grave, j'ai de grands devoirs à remplir ; je ne peux exposer ma vie ainsi qu'un simple pigeon. Ces mécréants d'hommes n'adorent que leur estomac : ils seraient capables de me canarder, plumer et sauter à la crapaudine. Et que deviendrait la Trinité si moi, son intelligence, j'étais passé au beurre. Et la vierge Marie, la malheureuse ! Vieillards, de saints devoirs publics et privés m'attachent au rivage du Paradis. Quel malheur ! j'aimerais tant à me sacrifier pour implanter parmi les hommes l'autonomie communale et la République parlementaire et malthusienne. Adieu !

Et le pigeon s'envola à tire d'ailes.

— Mais qui, diable, es-tu ? demanda le portier.

— Je suis ton successeur, Pierre, ne feras-tu rien pour moi ?

— T'es le voleur Pie IX ? T'es celui qui exploite mon nom pour te faire des rentes ; tu empoches le denier de saint Pierre et ne

— 31 —

me donnes pas un rouge liard. Va-t'en d'ici, canaille !

Et d'un coup de pied Saint-Pierre lança le Saint-Père sur la terre.

———

Dans une salle de Vatican, deux vieillards, l'un vêtu de blanc, l'autre vêtu de rouge, parlaient. Le vieillard blanc gémissait et pleurait. Le vieillard rouge, agité par la colère, s'écria :

— Notre règne est fini. Maudits soient les hommes !

Une voix puissante retentit par les airs ; c'était la voix de Pan, la voix de la nature ; elle disait :

— Les cieux sont vides !

PAUL LAFARGUE.

FIN.

Ouvrage imprimé
Gérant de l'imprimerie
ouvrière
[signature]
2, rue B[...]

www.ingramcontent.com/pod-product-compliance
Lightning Source LLC
Chambersburg PA
CBHW060606050426
4245ICB00011B/2105